Contenido

Try to read the question and choose an answer on your own.

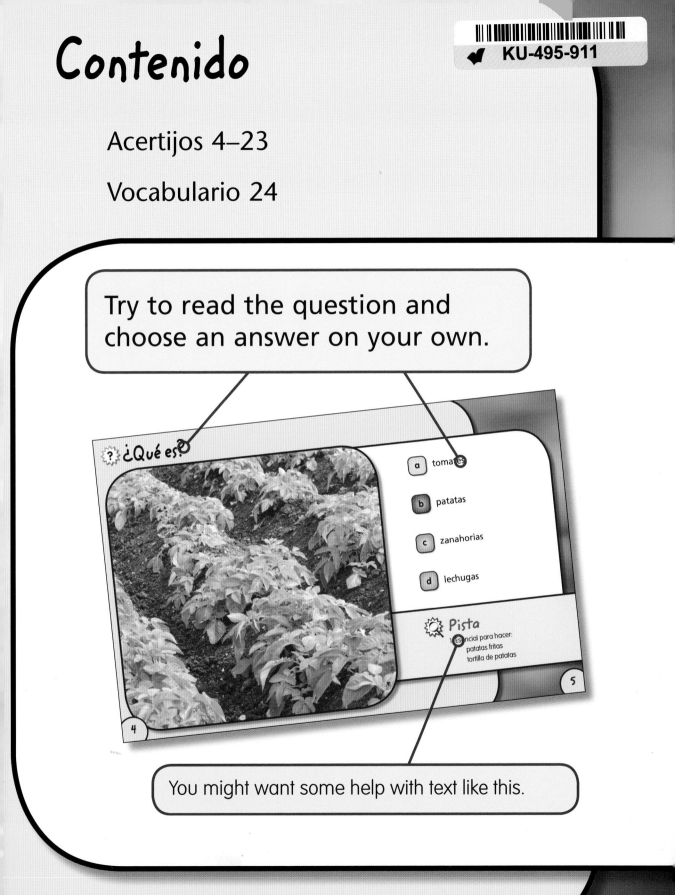

You might want some help with text like this.

La comida

Fiona Undrill

Heinemann
LIBRARY

d and drink

H www.heinemann.co.uk/library

Visit our website to find out more information about Heinemann Library books.

To order:
☎ Phone 44 (0) 1865 888066
▤ Send a fax to 44 (0) 1865 314091
▢ Visit the Heinemann Bookshop at www.heinemann.co.uk/library to browse our catalogue and order online.

First published in Great Britain by Heinemann Library, Halley Court, Jordan Hill, Oxford, OX2 8EJ, part of Pearson Education. Heinemann is a registered trademark of Pearson Education Ltd.

© Pearson Education Ltd 2008
First published in paperback in 2008
The moral right of the proprietor has been asserted.

Editorial: Charlotte Guillain
Design: Joanna Hinton-Malivoire
Picture research: Ruth Blair
Production: Duncan Gilbert

Translation into Spanish produced by DoubleO Publishing Services
Printed and bound in China by Leo Paper Group.

ISBN 9780431990347 (hardback)
12 11 10 09 08
10 9 8 7 6 5 4 3 2 1

ISBN 9780431990446 (paperback)
12 11 10 09 08
10 9 8 7 6 5 4 3 2 1

British Library
Cataloguing in Publication Data
Undrill, Fiona
La comida = Food and drink. - (Spanish readers)
1. Spanish language - Readers - Diet 2. Diet - Juvenile literature 3. Vocabulary - Juvenile literature
I. Title
468.6'421
A full catalogue record for this book is available from the British Library.

Acknowledgements
The publishers would like to thank the following for permission to reproduce photographs:
© Alamy pp. 6 (Stan Kujawa), 12 (Dennis MacDonald), 20 (Gari Wyn Williams), 22 (The Garden Picture Library); © Corbis pp. 3 (Mark Bolton), 4 (Mark Bolton), 8 (Annebicque Bernard), 11 (Rob Howard), 19 (Nicolas J. Bertrand/zefa); © Getty Images p. 16 (Image Bank); © Photodisc p. 15 (John A Rizzo)

Cover photograph of French market reproduced with permission of Corbis.

Every effort has been made to contact copyright holders of any material reproduced in this book. Any omissions will be rectified in subsequent printings if notice is given to the publishers.

 a tomates

 b patatas

 c zanahorias

 d lechugas

 Pistas

1. Esencial para hacer:

    patatas fritas

    tortilla de patatas

¿Quién come más patatas?

1. Irlandeses: 140 g por persona

2. Portugueses: 130 g por persona

3. Británicos, griegos y belgas: 100 g por persona

a galletas

 b cebollas

 c hamburguesas

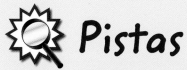 **d** golosinas

 **Pistas**

1. Se comen con el té.
2. Ejemplo escocés: torta dulce.

✓ Respuesta

a galletas

¡Increíble pero cierto!

En el Reino Unido se gastan £1 865 000 000
al año en galletas.

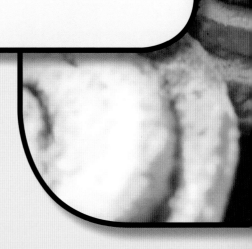

a una tarta

b una manzana

c una torta

d una pizza

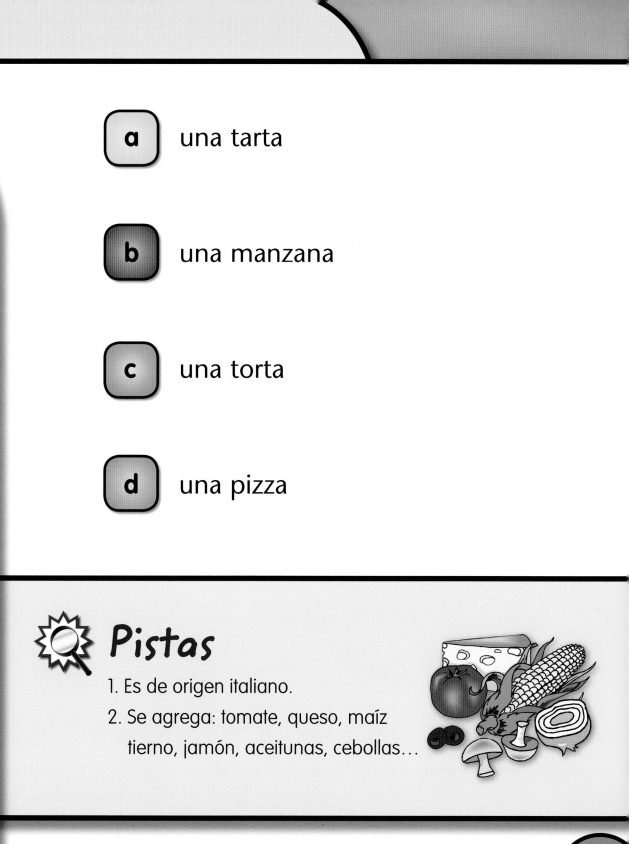

Pistas

1. Es de origen italiano.
2. Se agrega: tomate, queso, maíz tierno, jamón, aceitunas, cebollas…

✅ Respuesta

d una pizza

¡Increíble pero cierto!

La pizza más grande del mundo.

¡3,50 metros!

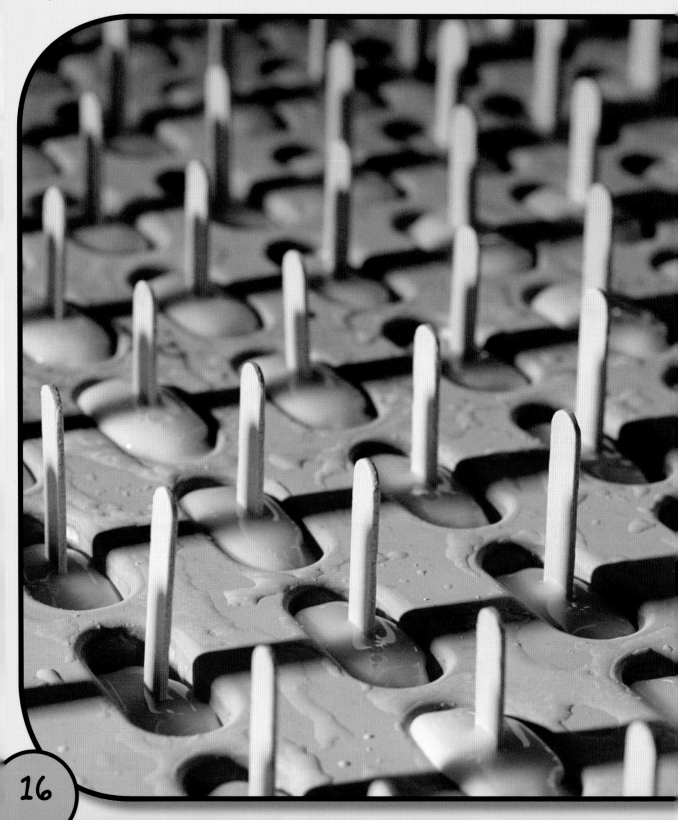

 a barras de pan

 b galletas

 c helados

d chocolate

 Pistas

1. Es muy frío.
2. Los dos sabores más populares son: vainilla y chocolate

Respuesta

c helados

Tabla de calorías

alimento	calorías	calorías cada 100 g
una barra de pan	360	240
un plátano	143	95
una barra de chocolate	530	530
una galleta	74	495
un helado de chocolate	254	235
una naranja	59	37
una pizza (margarita)	526	195
una patata	53	47
una patata al horno	245	136
una hamburguesa	159	318

¿Qué es?

a naranjas

b plátanos

c fresas

d peras

Pistas

1. Es una fruta.
2. Normalmente no es verde.

✓ Respuesta

a   naranjas

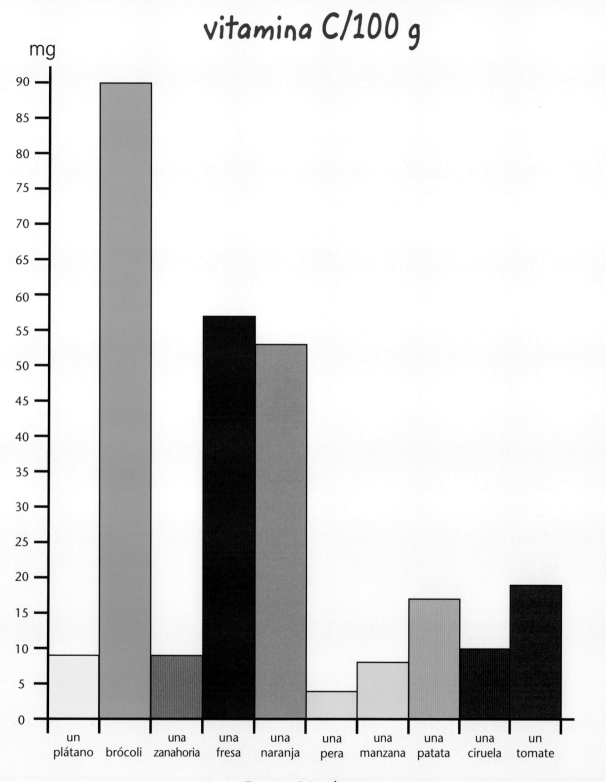

vitamina C/100 g

Vocabulario

español inglés página

una aceituna olive 13

un acertijo puzzle 3

agregar add 13

una barra de chocolate bar of chocolate 18

una barra de pan baguette (French bread) 17, 18

los belgas Belgians 7

británicos British people 7

el brócoli broccoli 23

una cebolla onion 9, 13

el chocolate chocolate 17

cierto true 10, 14

una ciruela plum 23

comer to eat 9, 10

la comida food 1, 18

con with 9

el contenido contents 3

dos two 17

un dulce sweet 9

un ejemplo example 9

es it is 17, 21

escocés(a) Scottish 9

es de it is from 13

esencial essential 5

una fresa strawberry 21, 23

frío(a) cold 17

la fruta fruit 21, 23

una galleta biscuit 9, 10, 17, 18

gastar to spend 10

golosinas snacks 9

los griegos Greeks 7

hacer to make/to do 5

la hamburguesa hamburger 9, 18

helado ice cream 17, 18

al horno in the oven/baked 18

increíble incredible 10, 14

los irlandeses Irish people 7

italiano(a) Italian 14

el jamón ham 13

la lechuga lettuce 5

el maíz tierno sweetcorn 13

una manzana apple 13, 18, 23

el(la) más grande del mundo the biggest in the world 14

el más popular the most popular 17

muy very 17

una naranja orange 18, 21, 22, 23

no es it isn't 21

normalmente normally 21

para for 5

una patata potato 5, 6, 7, 18, 23

una patata frita chip 5

una pera pear 21, 23

pero but 10, 14

una pista clue 5, 9, 13, 17, 21

una pizza pizza 13, 14, 18

un plátano banana 18, 21, 23

por año each year 10

por persona per person 7

los portugueses Portugese people 7

¿Qué es esto? What's this? 4, 8, 12, 16, 20

el queso cheese 13

¿quién come más? who eats the most? 7

el Reino Unido the United Kingdom 10

la respuesta answer 6, 10, 14, 18, 22

el sabor flavour 17

una tarta tart 13

una taza de té cup of tea 9

un tomate tomato 5, 13, 23

una torta cake 10

una torta dulce shortbread 9

tortilla de patatas, 5 Spanish omelet

la vainilla vanilla 17

las verduras vegetables 23

verde green 21

la vitamina C vitamin C 23

el vocabulario vocabulary 3, 24

la zanahoria carrot 5, 23